AF453792

STENOGRAPHIE

MUSICALE.

.

STÉNOGRAPHIE
MUSICALE

OU

MANIÈRE ABRÉGÉE

D'ÉCRIRE LA MUSIQUE,

A L'USAGE

DES COMPOSITEURS ET DES IMPRIMERIES.

Par P. J. LASALETTE, *ancien Général de Brigade-Inspecteur d'Artillerie, membre de la Société des Sciences et des Arts de Grenoble.*

Nec verò Aristotelem in philosophiâ deterruit à scribendo amplitudo Platonis : nec ipse Aristoteles admirabili quâdam scientiâ, et copiâ cœterorum studia restinxit.

(M. T. Cic. Orat. 5.)

« La grande renommée de Platon n'a pas rebuté
» Aristote d'écrire sur la philosophie ; et la
» science étonnante de celui-ci n'a pas étouffé
» le génie de ceux qui en ont traité après lui. »

A PARIS,

Chez GOUJON, Imprimeur-Libraire.

AN XIII — 1805.

PRÉFACE.

Tout le monde convient depuis long-tems de
la nécessité d'une réforme dans la manière d'écrire
la Musique. Plusieurs Auteurs s'en sont occupés,
et, parmi eux, on peut compter J. J. Rousseau;
mais tous paraissent avoir échoué dans cette entre-
prise, parce qu'ils ne s'étaient pas assez pénétrés
des moyens d'y réussir. Tous sont tombés dans l'inconvénient de proposer de nouveaux signes, au lieu
de perfectionner ceux qui existaient déjà. Ce n'est
qu'après un travail de plus de vingt ans, que nous
avons cru pouvoir éviter ce dangereux écueil, et
présenter au Public une *Sténographie Musicale* qui,
fondée sur les signes usités dans la Musique, peut
servir à simplifier leur écriture.

Malgré nos soins, nous n'osons pas nous flatter
d'avoir porté celle-ci à son dernier degré de perfection; mais nous croirons avoir beaucoup fait,
si nous en avons montré la possibilité, et si nous
avons engagé quelque Savant plus instruit que nous,
à finir ce que nous n'avons peut-être qu'ébauché.

Nous devons aussi rendre justice au Compositeur
typographique de cet ouvrage, dont les ressources
dans son art ont si bien suppléé aux trop grands frais
qu'auraient exigés quelques nouveaux caractères :
on pourra même démêler, dans la forme agréable
de ceux-ci, la sorte de délicatesse qui a présidé à
leur exécution.

OBSERVATIONS

PRÉLIMINAIRES.

Un ouvrage qui ne présente pas , ou des vérités utiles , ou quelque instruction sur des objets déjà connus , n'est sans doute digne que d'un profond oubli ; mais celui qui propose de nouveaux moyens de perfectionner nos connaissances , mérite quelque attention , quand même il n'aurait pas entièrement atteint son but. C'est sous ce dernier rapport que nous croyons devoir offrir au Public une *Sténographie Musicale* (1).

La Musique languit depuis long-tems en France : on dirait que le sol de cette contrée , si fertile d'ailleurs en chefs - d'œuvre de tous genres , n'est pas propice à cet art. Cependant le génie musical ne lui est pas étranger , et l'insouciance que la Musique inspire n'est probablement due qu'à la stérilité ou à la rareté des ouvrages qui traitent de ses élémens.

A cela se joint encore un autre obstacle : les signes qu'on emploie pour écrire les sons musicaux , sont

---

(1) Le mot *Sténographie* dérive du grec ΣΤΕΝΟΣ ΓΡΑΦΗ, *écriture abrégée.*

absolument bannis de toutes les imprimeries : et tandis que des presses sans nombre peuvent à peine suffire aux autres sciences, celle de la Musique reste muette et délaissée, faute de caractères pour imprimer ses expressions techniques.

C'est donc un service à rendre à la science musicale, que de donner un moyen simple et facile d'écrire ses signes avec les mêmes caractères que ceux dont on se sert le plus communément dans toutes les imprimeries ; sur-tout si ces caractères ne lui sont pas étrangers, et sont pris dans ceux mêmes qu'elle emploie pour désigner les sons.

La *Sténographie Musicale*, que nous offrons ici, remplit ces deux conditions essentielles : nous n'y faisons usage que de signes consacrés depuis plusieurs siècles à représenter les sons musicaux, et ces signes sont des lettres de l'alphabet de toutes les langues.

On ne saurait acquérir les premières notions élémentaires de la Musique, sans apprendre ce que c'est que les modes, et la formule qui les désigne. Ainsi, on connaît les modes *D la re*, *E si mi*, *F ut fa*, *G re sol*, *A mi la*, *C sol ut*, presque aussitôt que la gamme *ut re mi fa sol la si ut*.

La plus légère teinture des divers systêmes de Musique, antérieurs à celui qui est à présent assez universellement adopté, suffit pour faire voir que, dans ces *formules* ou *dictions*, les lettres initiales représentent des notes ; et qu'ainsi *D la re* signifie *re la re ; E si mi, mi si mi ; F ut fa, fa ut fa ; G re sol, sol re sol ; A mi la, la mi la ;* et *C sol ut, ut sol ut.*

Il est donc évident que non-seulement on peut employer les lettres *d, e, f, g, a, c,* pour représenter les notes *re, mi, fa, sol, la, ut;* mais qu'elles en sont encore les signes conventionnels, reçus de tems immémorial parmi les Musiciens.

Tels sont donc les caractères primitifs que nous nous proposons d'employer dans notre manière abrégée d'écrire les sons musicaux. Ce n'est pas cependant pour les substituer à ceux qu'on appelle *notes,* et qu'on emploie avantageusement dans les orchestres, mais pour s'en servir, soit dans les imprimeries, soit dans les occasions où l'on manque des préparatifs nécessaires pour écrire quelques pensées musicales qu'on ne voudrait pas laisser échapper de sa mémoire.

Quand on réfléchit combien une écriture simple serait utile aux progrès de l'art musical, on s'étonne qu'elle n'ait pas été établie depuis long-tems ; mais en y regardant de plus près, on aperçoit bientôt que certaines préventions ont dû y mettre obstacle.

On a posé en principe que toute innovation dans l'écriture musicale, qui n'offrirait pas *les rapports oculaires des intervalles musicaux,* devait être rejetée comme défectueuse.

En admettant cette assertion, même sans examen, il est pourtant nécessaire de savoir ce qu'on entend par *les rapports oculaires des intervalles musicaux :* car si l'on ne veut parler, comme cela est à présumer, que du préjugé qui fait regarder les sons aigus plus élevés que les graves, ou ceux-ci plus bas que les aigus, on ne voit pas de quelle nécessité peuvent être ces *rapports oculaires*, dans la manière d'écrire la Musique ; puisque ces rapports étant purement idéaux, toute disposition, tout arrangement qui supposera un ordre direct et rétrograde dans la *notation*, sera toujours également propre à représenter, par convention, une succession de sons allant du grave à l'aigu, ou de l'aigu au grave.

Mais ces réflexions ne sont guère applicables à notre *Sténographie*, qui n'est qu'une sorte d'écriture dont le but est de ne parler, pour ainsi dire, qu'aux yeux de l'esprit. On ne peut pas même lui appliquer le principe de *l'imitation*, qui, selon Aristote (1), est la voie la plus courte pour apprendre.

Ce principe ne peut convenir qu'aux choses stables et naturelles, et nullement à celles qui ne sont que des conventions arbitraires, comme les sons qu'on suppose gratuitement hauts ou bas.

On a cru que toute *notation* devait représenter,

____

(1) Poët. C. 4.

par une sorte d'imitation, cette qualité d'élévation ou d'abaissement qu'on supposait inhérente aux sons ; tandis que c'est la manière même de *noter* avec des lignes représentant une espèce d'*échelle*, qui a fait naître le préjugé des sons élevés ou abaissés ; car les Anciens ne se sont jamais servi de ces expressions, et ont toujours désigné par les mots *grave, aigu*, la différence qui existe entre les sons.

On a aussi mis en question, si l'étude de la Musique devait être rendue plus facile, et si, par conséquent, cette connaissance devait être plus généralement répandue. Ce n'est pas dans un *avant-propos* qu'on peut résoudre une question de cette étendue ; mais on peut cependant lui donner quelques développemens préliminaires, en attendant de plus amples éclaircissemens.

Si la Musique n'est qu'un art de pur agrément, toutes les classes de la société n'ont-elles pas des droits aux plaisirs qu'il procure, et ne serait-il pas injuste d'en priver quelques-unes d'entre elles, en mettant des entraves aux progrès de cet art ? Et si la Musique était non-seulement un art d'agrément, mais qu'elle eût encore quelque influence sur les mœurs, ou quelque relation intime avec d'autres objets qui sont pour nous des jouissances, et qui se perfectionnent chaque jour, pourrait-on la laisser dans un oubli qui, en lui imprimant une tache d'imperfection, nuirait même à nos plus chers intérêts ?

Si la Musique n'était propre qu'aux gens de goût seulement, elle ne serait plus un art, puisqu'elle n'appartiendrait pas à tous les hommes : mais tous étant doués de l'organe auditif, tous ont nécessairement des rapports avec l'art musical, qui doit même influer sur nombre de leurs actions et de leurs habitudes.

En voilà assez pour faire sentir combien il est important de perfectionner la science musicale : et le moyen qui peut le plus efficacement y contribuer, est sans doute d'en rendre l'écriture plus simple, plus brève et plus facile. (*)

Malgré les soins que nous avons pris, nous n'osons pas nous flatter d'avoir prévenu toutes les objections qu'on pourrait faire sur la *nouvelle écriture* que nous proposons ici : nous recevrons donc, avec reconnaissance, celles dont on voudra bien nous faire part.

(*) Pour ne pas compliquer cet ouvrage, nous supposerons le Lecteur instruit des premiers élémens de la Musique.

STÉNOGRAPHIE

MUSICALE

O U

MANIÈRE ABRÉGÉE

D'ÉCRIRE LA MUSIQUE.

Quoique l'art d'écrire la Musique soit assez perfectionné de nos jours, pour représenter avec exactitude toutes les tournures musicales, sa complication, par la longueur des préparatifs qu'il exige, et par l'étendue de l'espace qu'il emploie, a cependant des inconvéniens qui s'opposent aux progrès de la Musique, et en rendent quelquefois la composition presque impossible.

Avant d'écrire une phrase de Musique, il faut songer à se procurer le papier sur lequel on veut la tracer; souvent même, faute d'en trouver, un Compositeur est obligé de le préparer lui-même : et tandis qu'il perd un tems précieux dans des détails mécaniques et étrangers au sujet qu'il médite, les pensées de son génie s'évaporent, et son imagination, qui se refroidit, devient aride et stérile : l'idée de son plan s'efface insensiblement de sa mémoire , il en imagine un nouveau qui n'a pas une meilleure issue : et le Musicien le plus fécond en inventions heureuses , passe souvent ainsi sa vie à créer et étouffer ses propres pensées , comme un autre Saturne qui engendre et dévore ses enfans.

Si l'on considère d'ailleurs combien il est difficile d'associer les caractères des signes musicaux à ceux des imprimeries ordinaires , et combien ce mélange de caractères rend plus dispendieuse l'impression des ouvrages sur la Musique , on sentira le besoin de simplifier la *Typographie* musicale.

L'art de représenter les sons musicaux et leurs rapports entre eux , a quelque chose de si abstrait, qu'on ne saurait mettre trop de simplicité dans les signes qu'on y emploie : mais en même tems la longue habitude qu'on a de l'usage de ces signes , ne permet pas de les changer : aussi ne nous proposons-nous pas d'en imaginer d'autres. Ceux que nous voulons employer sont beaucoup plus anciens que les notes vulgaires , et n'ont jamais cessé d'exprimer ces notes. Il n'est même personne qui , ayant la plus petite notion des caractères musicaux , ne connaisse ces signes , et ne s'en serve habituellement dans la nomenclature musicale.

Dès qu'on commence à savoir les noms élémentaires de la gamme *ut re mi fa sol la si ut* , on apprend à connaître les modes musicaux : et c'est dans les noms de ces modes que nous allons trouver ceux des signes de notre écriture abrégée.

Comme une des conditions essentielles à ces signes est qu'ils soient d'une extrême simplicité , on a proposé , depuis long-tems , d'y employer les chiffres, comme étant non - seulement les caractères les plus simples de tous ceux qui sont en usage , mais comme ayant encore l'avantage de désigner numériquement le rang de chaque note dans la gamme musicale.

Un célèbre Philosophe (1) paraît avoir donné la première impulsion à cette idée , dans une brochure qu'il publia vers le milieu du siècle dernier, et dans laquelle il proposait de représenter les sons de la gamme *ut re mi fa sol la si ut* , par l'échelle des chiffres 1 2 3 4 5 6 7 8.

Quelque respectable que soit cette autorité , nous n'avons pas jugé devoir adopter ces caractères primitifs , parce que les avantages qu'ils présentent nous ont paru bien moindres que les inconvéniens qui en résulteraient ; car, 1.º ils seraient nouveaux et n'auraient point été consacrés par l'usage : 2.º ils se confondraient avec les chiffres qui servent à indiquer la mesure : 3.º ils feraient confusion avec ceux qu'on met sur les notes d'une basse, pour chiffrer son accompagnement : 4.º on les confondrait aussi avec ceux qui servent à exprimer le silence de plusieurs

---

(1) J. J. Rousseau.

mesures : 5.° les sons de la gamme paraîtraient avoir la même gradation entre eux, puisque ces chiffres sont dans une progression dont chacun de ses termes diffère d'une unité de celui qui le précède ou qui le suit : cependant les degrés des sons de la gamme ne sont pas égaux entre eux : les uns sont des tons entiers, et les autres des demi-tons.

On ne peut donc pas se servir de ces caractères numériques, pour signes des sons, sans renverser l'ordre qui existe dans le système musical. Mais il n'en est pas ainsi des *lettres* qui concourent à exprimer la *formule* des modes musicaux : leurs caractères simples, connus de tout le monde, et surtout l'avantage d'avoir été de tout tems employées à désigner les notes de la Musique, ne laissent aucune objection contre elles. Parmi les caractères usités, il n'en est pas, après les chiffres, de plus simples que les lettres. Elles ont d'ailleurs toujours servi à exprimer les sons de la Musique, et les représentaient bien antérieurement aux noms qu'ils portent aujourd'hui. *Gui d'Arezzo* (1), qui perfectionna ces derniers (2), n'osa pas se permettre d'en séparer ces lettres qui, long-tems avant lui, désignaient les notes musicales ; et pour établir sa *Main*

---

(1) Il vivait dans le 11.e siècle.

(2) On s'en servait déjà avant lui (Voy. la Musurgie du père Kircher).

harmonique, ou son système de *Solmisation* par
exacordes (1), il joignait à chacune des six cordes,
qu'il nomma *ut re mi fa sol la*, non-seulement les
lettres qui leur servaient précédemment de nom, et
qu'il plaça à l'octave inférieure de ces notes, mais
encore leur quinte supérieure, qu'il exprima aussi
par les nouveaux noms qu'il avait adoptés (2);
en sorte que chacune de ces notes, qu'il nomma
Dictions, fut ainsi composée : *C sol ut*, *D la re*,
E si mi, *F ut fa*, *G re sol*, *A mi la*.

Il faudrait peut-être faire voir ici comment *Gui
d'Arezzo* transforma le système des *tétracordes* (3)
grecs, qu'on suivait encore de son tems, en celui des
exacordes qu'il inventa ; de manière qu'au lieu de
moduler dans la gamme des quartes, il fit moduler
dans la gamme des sixtes, comme nous modulons
aujourd'hui dans celle de l'octave ; mais nous nous
écarterions des bornes de cet ouvrage : nous ferons
seulement observer que ce n'est qu'au onzième siècle, qu'il substitua aux lettres l'usage des notes,
auxquelles il imposa des noms pris, comme l'on sait,

---

(1) Ou de six cordes.

(2) Chaque corde représentait ainsi, ce qu'on appelait dans
la plus haute antiquité, la Lyre de Mercure qui, d'après les
Historiens, était composée du son grave ou principal, de sa
quinte, et de son octave supérieure.

(3) Ou de quatre cordes.

dans l'hymne de Saint - Jean : *UT queant laxis*, *RE-sonare fibris*, *MI-ra gestorum*, *FA-muli tuorum*, *SOL-ve polluti*, *LA-bii reatum*, etc...: et comme on l'a déjà vu, il ajouta la quarte inférieure à chacune de ces syllabes, *ut re mi fa sol la*; et leur conserva, à l'octave inférieure, la lettre qui en était auparavant le signe. De cette manière, il forma les six formules, clefs ou dictions : *C sol ut*, *D la re*, *E si mi*, *F ut fa*, *G re sol*, *A mi la*, dont il se servit pour établir la *solmisation* de son nouveau système des *exacordes*.

Mais depuis que celui de l'octave a été adopté, ces *dictions* n'ont plus servi qu'à désigner les modes ou les clefs modernes. Ainsi l'on dit encore aujourd'hui, être ou jouer dans les modes *D la re*, *E si mi*, *A mi la*, etc.: exécuter sur les clefs *F ut fa*, *C sol ut*, *G re sol*.

Cependant, comme la complication de ces dénominations avait pour objet, d'un côté, de lier ce nouveau système de Musique à ceux qui l'avaient précédé: de l'autre, de représenter les principales cordes des divers modes ou clefs: et que d'ailleurs les noms *ut re mi fa sol la*, imposés aux sons musicaux, avaient été généralement adoptés, on crut pouvoir, pour simplifier, se dispenser de nommer deux des trois cordes de chaque mode ou clef, par la raison que l'une de ces cordes, qui était la lettre, n'était que la répétition de la corde principale, et que l'autre , qui était sa quinte , se trouvait sous-entendue dans cette même corde principale.

On supprima donc , dans l'expression *C sol ut*, prise comme mode ou comme clef , la corde *C* qui n'était qu'une répétition à l'octave de la corde *ut* : on y supprima encore la corde *sol*, quinte de *c* , et l'on réduisit ainsi cette *diction* à la seule dénomination *ut*.

Il en fut de même des autres *formules D la re*, *E si mi*, *F ut fa*, *G re sol*, *A mi la*, qui furent aussi réduites aux simples expressions *re mi fa sol la*.

Il est aisé de voir , par cette exposition , que les lettres *c d e f g a ,* représentaient les notes *ut re mi fa sol la*, et en avaient été les signes avant l'invention de ces dernières dénominations. Ainsi ce n'est pas innover , que de désigner les notes de notre gamme moderne , *ut re mi fa sol la si ut* , par des lettres qui , dans tous les systêmes musicaux, ont toujours servi à exprimer ces mêmes notes ; c'est au contraire y réintégrer d'anciens signes , qui n'auraient jamais dû en être séparés. Il est vrai que la pratique de la Musique devint plus facile , en simplifiant les noms des clefs et des notes ; mais il n'en fut pas de même de sa théorie.

Les écrits des Anciens , sur la science musicale, devinrent plus obscurs à mesure qu'on perdit de vue les signes qu'on y employait , et il fut très - difficile de traiter de cet art , à cause de l'embarras qu'y

apportaient les nouveaux signes. De là dut nécessairement résulter la pénurie que nous éprouvons
à présent dans les ouvrages de ce genre, et sur-tout
l'inconvénient de confier les progrès de cet art presque à la seule routine et aux préjugés des praticiens.
Cependant, en simplifiant son exécution, il restait
bien peu de chose à faire pour rendre aussi son écriture moins compliquée, pour la faire servir de point
de réunion entre les anciens systèmes de Musique et
celui qu'on suit aujourd'hui, et enfin pour rendre
l'étude des élémens de cet art plus aisée et moins
dispendieuse.

Il en coûte déjà trop pour acquérir les diverses
branches de nos connaissances : des spéculations
commerciales en ont trop disproportionné le prix
avec les fortunes médiocres ; mais cette dispropor-
tion devient bien plus sensible dans l'étude de la
Musique. Il faut être riche pour s'y adonner ; et
cependant cet art convient également à tous les
états, à toutes les conditions. Il serait donc avantageux d'en simplifier l'écriture pour en propager la
connaissance: et ce but est celui que nous nous som-
mes proposé dans notre *Manière abrégée d'écrire
la Musique.*

Cette manière consiste dans un second alphabet
servant à désigner les sons musicaux, quand il ne
s'agit que d'en traiter, et non pas de les exécuter.

Cet alphabet se tire des dictions *C sol ut , D la*

re, *E si mi*, *F ut fa*, *G re sol*, *A mi la*, qui représentent nos modes modernes, comme on l'a vu précédemment.

D'après l'intention de leur inventeur (1), la lettre qui est le premier signe de chacune de ces *dictions*, en désigne la note, dont le troisième signe n'est qu'une répétition à l'octave. Quant à celui du milieu, il exprime leur quinte. Ainsi, dans *C sol ut*, *C* et *ut* ne sont que la même note *ut*, et *sol* en est la quinte. *C sol ut* signifie donc *ut sol ut* ; et de la même manière, *D la re* signifie *re la re* ; *E si mi*, *mi si mi* ; *F ut fa*, *fa ut fa* ; *G re sol*, *sol re sol* ; *A mi la*, *la mi la*.

La pratique musicale ayant donc adopté les signes *ut re mi fa sol la*, pour écrire les notes de son exécution, rien n'était plus naturel que de prendre les lettres *c d e f g a*, qui leur correspondent, pour notes de sa théorie.

Cette addition, qu'on avait oublié de faire, est d'autant plus importante, qu'elle conserve de précieux rapports entre la Musique ancienne et la moderne, et qu'elle écarte, en même tems, les entraves *typographiques* qui retardaient les progrès de celle-ci.

Nous obtiendrons donc ce double avantage, en substituant aux notes *ut re mi fa sol la*, leurs

____

(1) Gui d'Arezzo.

signes alphabétiques correspondans, *c d e f g a*, comme nous l'avons déjà dit. Ainsi, en employant ces lettres comme signes représentatifs des sons de notre échelle musicale, on aura les élémens, déjà connus, d'un second alphabet musical, dont on pourra user avec facilité dans toutes les circonstances où l'on ne voudra pas le faire servir à l'exécution de la Musique.

Mais cet alphabet n'étant composé que de six notes, *c d e f g a*, serait incomplet, en égard à notre système de l'octave : la note *si*, qui lui manquerait, le rendrait absolument inutile.

Gui d'Arezzo n'avait point affecté de signe à cette note dans son système des exacordes. Elle n'y figurait que comme une note *fictive*, et n'était employée qu'accidentellement; parce qu'elle n'avait d'existence que dans les sons, sans en avoir aucune dans les signes, et n'était représentée que figurativement par l'une des six lettres *c d e f g a*, suivant qu'elle précédait ou était précédée de l'intervalle du demi-ton; ou, pour nous exprimer à la manière d'aujourd'hui, suivant qu'elle était ou n'était pas *bémolisée*.

La diction *b fa si* qu'on ajouta à celle de *Gui d'Arezzo*, pour servir de signe à la note qui manquait au système de l'octave, loin de remplir cet objet, ne produisit qu'une ambiguïté de plus, en rendant cette note équivoque : car, en traduisant cette nouvelle diction *b fa si*, on trouve *si bémol fa si* ; c'est-à-dire *si* qui est *bémol*, et *si* qui ne l'est pas ; ce qui rend cette note incertaine et douteuse.

Dans la suite on la fixa définitivement ; mais on ne crut pas devoir lui donner une lettre pour signe correspondant, parce qu'on regarda les lettres jointes aux autres notes comme des signes superflus ; oubliant ainsi qu'une des premières règles de tous les arts ne permet pas d'y faire des innovations, à moins que de lier ce qui existait déjà aux nouveautés qu'on se propose d'y ajouter.

Les Allemands, qui cultivent la Musique avec succès, n'ont pas voulu tomber dans cette erreur. Sentant la nécessité d'une septieme lettre pour désigner la nouvelle note *si*, qui complettait le système de l'octave, et ne pouvant employer la lettre *b* destinée à servir de *bémol*, ils lui appliquerent la lettre *h*, qui est la huitième de l'alphabet.

Pour innover le moins possible, et pour nous rapprocher de la Musique élémentaire des autres nations, nous adopterons aussi la lettre *h*, comme signe représentatif de la note *si*.

Nous allons donc désigner les notes de la gamme *ut re mi fa sol la si ut*, par les lettres *c d e f g a h c*, qui nous serviront de second alphabet des signes musicaux, et restitueront aussi à la Musique d'anciens signes qui n'ont jamais cessé de lui appartenir depuis l'origine de la Musique des Grecs, époque la plus reculée où nous puissions remonter pour avoir quelque certitude sur la manière dont les peuples anciens notaient leur Musique.

Au lieu des notes *ut re mi fa sol la si ut*, l'alphabet usuel de la *Sténographie Musicale* se servira donc des lettres *c d e f g a h c* ; mais comme les deux *c* de cette gamme sont à l'octave l'un de l'autre, on évitera de les confondre, en les distinguant par un point mis au-dessus du plus aigu, ou au-dessous du plus grave. Ainsi *c ċ* indiquera que le second *ċ* est à l'octave supérieure du premier, et *c̦ c*, que le premier *c̦* est à l'octave inférieure du second.

C'est avec d'aussi simples élémens que nous allons composer une *seconde écriture musicale*, qu'on peut facilement substituer à celle des notes, lorsque leur emploi devient trop incommode. Voici les règles à observer dans cette seconde écriture.

PREMIÈRE RÈGLE.

Les huit lettres *c d e f g a h ċ* représentent les huit sons de la gamme *ut re mi fa sol la si ut*.

II.ᵉ RÈGLE.

Le point mis au-dessus ou au-dessous d'une de ces lettres, annonce qu'elle est à l'octave, au-dessus ou au-dessous de cette même lettre sans point. Ainsi, *ḋ* est à l'octave supérieure de *d* ; *e̦* est à l'octave inférieure de *e*.

Observation. — Les signes *c d e f g a h ċ* étant adoptés pour représenter les huit sons d'une octave, on déterminera leur position par rapport à la note *ut* ou *c* du *milieu* du *clavier* (1), au moyen des trois clefs ordinaires de la Musique, qui servent à placer alternativement chacune des huit notes de la gamme sur chacune des quatre premières lignes de la portée (2). Ainsi les clefs indiqueront figurativement, dans cette écriture, la position des notes *c d e f g a h ċ*, sur les quatre premières lignes de la portée, sans pour cela que ces lignes soient tracées. (3)

III.ᵉ RÈGLE.

ON indiquera donc, au commencement du chant qu'on veut écrire, la clef sur laquelle on veut placer les notes *c d e f g a h ċ*. Supposé, par exemple, qu'on veuille écrire ces notes, *c e d g f e*, sur la clef d'*ut*, première ligne, on le fera ainsi :

Clef d'*ut*, 1.ᵉ ligne. | *c e d g f e* |.

---

(1) Ce *milieu* du *clavier* s'entend des *claviers* de l'*Orgue*, du *Clavessin*, ou du *Forte - Piano*, qui contiennent tous les sons élémentaires de l'art musical.

(2) On appelle *portée* les cinq lignes sur lesquelles on écrit les notes *ut re mi fa sol la si ut.*

(3) Ceux qui ne lisent la Musique que des yeux, auront peut-être quelque peine à comprendre ceci ; mais on doit

IV.ᵉ RÈGLE.

LORSQUE les notes s'élèvent au-dessus des quatre premières lignes de la portée, on leur met un point au-dessus, pour montrer qu'elles sont élevées au-dessus de la première octave. Deux points indiqueraient de même qu'elles sont au-dessus de la seconde octave; trois points, qu'elles sont au-dessus de la troisième; et ainsi de suite, suivant le nombre d'octaves où elles se trouveraient portées au-dessus de leur première position, c'est-à-dire des quatre lignes fictives de la portée. Ainsi. transportant les notes précédentes sur la clef de *sol*, deuxième ligne. on les écrirait de cette manière :

Clef de *sol*, 2.ᵉ ligne. | c è d g̈ f̈ c̈ |.

Il en est de même des notes placées au-dessous des quatre premières lignes de la portée : on leur met la même quantité de points en-dessous, que le nombre d'octaves qu'elles se trouvent descendues de leur position primitive sur ces quatre premières lignes. Ainsi, les notes précédentes transportées sur la clef d'*ut*, quatrième ligne, s'écrivent comme il suit :

Clef d'*ut*, 4.ᵉ ligne. | ç e d g f e |.

---

observer qu'il en est de la Musique comme de toutes les autres sciences, où l'on ne fait de progrès qu'en raison de l'aptitude qu'on y apporte.

Dans ce dernier exemple, la première note *ç* a un point au-dessous d'elle, parce qu'elle est placée au-dessous de la première ligne de la portée.

Si l'on voulait écrire ces mêmes notes un octave plus au grave, avec la même clef, on ne ferait qu'y ajouter les points nécessaires, comme :

Clef d'*ut*, 4.e ligne. | ç ę ḍ ğ f ę |.

On voit que *ç* a deux points au-dessous de lui pour indiquer qu'il est à deux octaves au grave de sa position primitive sur les quatre premières lignes de la portée.

Observation. — De quelques caractères qu'on se serve pour écrire la Musique, il ne suffit pas d'avoir seulement les signes qui doivent en exprimer les sons, il faut encore fixer la *durée* ou la *valeur* de ceux-ci, afin d'en former des mesures. Mais sous quelques formes que se présentent ces mesures, les divers rapports qui se trouvent entre les signes ou notes qui les composent, se réduisent toujours, en dernière analyse, à celui de 1 à 2, ou de 1 à 3 (1). C'est en nous appuyant sur ce principe, que nous allons faire disparaître de notre *Sténographie Musicale* l'embarras que causent, dans l'écriture ordinaire, les signes connus sous les noms de rondes, blanches, noires, croches, etc.

______

(1) Nous avons dévoloppé cette assertion dans un *Essai sur le Rhythme.*

Ve RÈGLE.

DEUX *barres*, ou lignes *verticales*, servent à *renfermer* et *distinguer* chacune des diverses mesures d'un chant. Ainsi, | *h* | *c* | présentent deux mesures différentes qui se succèdent.

VIe RÈGLE.

LORSQUE les mesures sont composées de plus d'une note, et qu'elles se réduisent au rapport de 1 à 2, ou ce qui est la même chose, qu'elles se rapportent à la mesure à *deux tems*, une petite ligne verticale doit séparer leur première moitié de la seconde : d'où il résulte que dans | *c* , *e* |, *c* est la première moitié de cette mesure, et que *e* en est la seconde. La durée ou valeur de *c* est donc égale à celle de *e* ; et si l'on suppose que | *c* , *e* | soit une mesure à deux tems, les lettres *c* et *e* vaudront chacune une blanche.

Observation. — On peut cependant se dispenser d'écrire dans cette mesure la petite verticale, parce que les signes employés dans une mesure ne sont destinés qu'à indiquer les différentes valeurs de ses notes : or, quand ces valeurs sont les mêmes, toutes les notes qui composent cette mesure sont nécessairement d'égale durée entre elles. Ainsi, supposant toujours à deux tems la mesure suivante : | *c e d f* |, il est évident que chacune de ces notes vaut un quart de la mesure , et que par conséquent elles désignent quatre noires ; et dans ce cas , la petite verticale devient inutile.

Il n'en est pas de même lorsque cette mesure à deux tems se trouve composée de trois notes. Comme , dans cette supposition , il doit y avoir deux notes dans la première ou seconde moitié de cette mesure , la petite verticale doit y servir à séparer ces deux moitiés. Or | $c\ e\ d$ | pouvant également représenter une blanche et deux noires , ou deux noires et une blanche , il faut indispensablement que la petite verticale indique l'une de ces deux combinaisons , qui s'écrivent de ces deux manières :

$$| c \mid e\ d |\quad \text{ou}\quad | c\ e \mid d |.$$

Dans la première mesure , c vaut une blanche , et les deux notes $e\ d$ valent chacune une noire. C'est le contraire dans la seconde mesure.

$VII.^e\ R\grave{E}GLE.$

S I la mesure se trouve composée de plus de deux notes , dans une de ses moitiés , on emploiera alors la *sous-ligne* (—), pour faire distinguer les subdivisions des notes. Si la mesure , par exemple , est formée d'une blanche , d'une noire et de deux croches , on l'écrira ainsi : | $c \mid e\ \underline{df}$ |. Ce qui fait voir que les notes $e\ \underline{df}$ valent la moitié de la mesure ;

que les notes *df* ayant la même durée que la note *e* ; valent, comme celle-ci, un quart de la mesure ; et qu'ainsi *d* et *f* sont chacune la huitième partie de la mesure, ou l'équivalent d'une *croche*.

D'après cet exemple, on pourra reconnaître facilement les valeurs des notes dans les mesures suivantes :

| *c* ₁ *cd f* | | *c ed* ₁*f* | | *ce d* ₁ *f* |.

Si l'on voulait écrire, dans la première ou seconde moitié de l'une de ces mesures, une noire, une croche et deux doubles croches, on suivrait le même principe, en employant alors deux *sous-lignes* de cette manière :

| *c* ₁ *e d ef* |.

Dans cette mesure, la grande *sous-ligne* fait voir que la note *e* est égale aux notes *d ef*, et la petite *sous-ligne* montre que la note *d* équivaut aux deux notes *ef* ; c'est-à-dire, que dans cette position, *e* vaut une noire, *d* une croche, et que les notes *ef* sont deux doubles croches.

Il en serait de même si l'on voulait y exprimer une noire, une croche, une double croche et deux triples croches, qui s'écriraient ainsi :

| *c* ₁ *e d f ef* |.

Observation. — Comme l'application de ces différentes combinaisons à la première moitié d'une mesure ne présente aucune difficulté, nous ne nous y arrêterons pas : nous observerons seulement, pour éviter toute méprise, que les *sous-lignes* ne sont pas ici des signes particulièrement affectés à telle ou telle espèce de valeur de note, comme cela se pratique pour les caractères qu'on nomme croches, doubles croches, etc., dans l'écriture ordinaire de la Musique : les exemples suivans vont le faire comprendre.

Si l'on suppose la moitié d'une mesure divisée en quatre croches ou huit doubles croches, comme :

$$| c \mid e\ d\ f\ e | \quad \text{ou} \quad | c \mid e\ d\ f\ e\ g\ f\ a\ g |;$$

ces valeurs de croches ou de doubles croches n'auront besoin d'aucune *sous-ligne*, parce que ces deux espèces de notes étant égales entre elles, et remplissant une demi-mesure, on voit tout de suite que chaque croche vaut un quart, et chaque double croche un huitième de cette demi-mesure.

Si la moitié d'une demi-mesure se trouve composée d'une noire et quatre doubles croches, une seule *sous-ligne* suffira pour désigner les quatre doubles croches, comme dans la mesure $| c \mid e\ \underline{d\ e\ f\ g} |$.

Huit triples croches seraient également indiquées par une seule *sous-ligne* dans cette mesure :

$$| c \mid e\ \underline{d\ c\ h\ c\ d\ e\ f\ g} |.$$

On comprendra, tout aussi aisément, que le quart

de tems *e* de cette mesure pourrait être aussi partagé
en huit triples croches , sans avoir besoin de *sous-
ligne*, comme : | c , e d c d e f g a f e d e f g | ;

car ces huit triples croches, qui sont égales entre elles,
puisqu'elles n'ont pas de *sous-lignes*, sont évidemment égales à l'autre quart de la mesure *f e d e f g*;

et qu'ainsi la première moitié de cette demi-mesure
est composée de huit triples croches , et la suivante
de deux doubles et de quatre triples croches.

On voit donc par-là que les *sous-lignes* ne servent
pas à fixer les différentes valeurs des notes , mais à
indiquer à quelle espèce de division de la mesure ces
valeurs appartiennent , en déterminant toujours une
des divisions multiples de la division *binaire*.

VIII.ᵉ RÈGLE.

Le point placé devant une lettre lui donne , comme
dans les notes ordinaires , une moitié de valeur de
plus. Exemple : | c e , . d f . c | .

Il n'est pas difficile de voir que , dans cette mesure ,
c e sont deux notes , et *d f* deux croches ; que le
dernier *e* est une double croche ; que le point qui est
devant le premier *c* prolonge la valeur de cette note
de la durée d'une croche ; que celui qui est devant *f*
augmente sa durée d'une double croche ; et qu'enfin
le premier point a la valeur d'une croche , et le second
celle d'une double croche.

IX.ᵉ *RÈGLE.*

Tous les signes qui sont ordinairement employés dans l'écriture en *notes*, le sont aussi dans cette écriture en lettres. Ainsi les bécarres , les bémols , les dièses , les coulés , les notes pointillées , les petites notes d'agrément, les *trilles*, l'*appoggiatura* ou petite note, les renvois, etc. , servent également dans cette *écriture sténographique*, de même que les indications des mouvemens *largo*, *adagio*, *andante*, *allégro*, *presto* , etc.

Observation. — Les mesures qui dérivent de celle à deux tems, comme la mesure ²⁄₄, ne présentant aucune difficulté dans leur *Sténographie*, nous allons passer à la manière d'écrire la mesure à trois tems.

X.ᵉ *RÈGLE.*

La petite verticale, qui sert à séparer les deux moitiés de la mesure *binaire*, n'est pas employée à faire distinguer les trois tems de la mesure *triple :* ce n'est que lorsque deux mesures triples se réunissent pour n'en former qu'une , comme dans la mesure ⁶⁄₈ , que cette petite verticale reprend sa fonction de la séparer en deux tems. Mais dans la mesure *triple*, proprement dite , la *sous-ligne* suffit seule pour y faire distinguer les tems et leurs subdivisions. Ainsi, dans la mesure | *e f d* |, chacun de ses trois tems est indiqué par une *sous-ligne*. Mais comme les trois tems de cette mesure sont égaux, la *sous-ligne* y devient inutile dans ce cas, et l'on peut, sans crainte d'équivoque, l'écrire de cette manière : | *e f d* |.

Si cette mesure, toujours *triple*, ne contenait que deux notes, il faudrait cependant déterminer laquelle de ces deux notes doit valoir deux tems. Supposons donc que, dans la mesure *triple* | *e f* |, *e* vaut une blanche, et *f* une noire : en mettant, suivant l'usage ordinaire, un point après *e*, on ne l'augmenterait que d'une moitié de sa valeur ; mais si l'on fait suivre cette note par deux points consécutifs, ce sera comme si on lui ajoutait deux moitiés de sa valeur ; et alors sa durée ou sa valeur sera double, et celle de *f* n'en sera que la moitié. Ainsi la mesure | *e . . f* | indiquera que *e . .* vaut deux noires, ou les deux premiers tems de cette mesure, et que *f* tient la place de son dernier tems ou d'une noire. (1) Si les deux points étaient après *f*, comme dans | *e f . .* |, ce serait *f . .* qui vaudrait deux tems ou une blanche.

____

(1) Quand même on n'adopterait pas cette *Sténographie*, le besoin d'en avoir une ne se ferait pas moins sentir, et l'on ne tarderait pas d'en imaginer une meilleure. Mais si l'on donne la préférence à celle-ci, il est possible qu'on en perfectionne encore l'exécution ; car il en est d'une nouvelle écriture comme des nouveaux mots, qui, dès le commencement, présentent des aspérités que l'usage seul peut adoucir à la longue. *Namque etiam quæ (verba) primò dura visa sunt, usu molliuntur.* (Cic.)

En général, dans la mesure *triple*, la *sous-ligne* qui sert à faire distinguer les tems, en indique aussi les subdivisions ; et les deux points, dans cette même mesure, donnent une valeur double à la note qui les précède.

La clef, la mesure, les dièses et les bémols (1) ou le mode, ainsi que le mouvement, s'indiquent au commencement d'un air, dans la mesure *triple*, comme dans la mesure binaire : quelques exemples mettront ceci plus en évidence.

Mode sol ♭,
Mesure 3, } *Clef de* sol, 2.ᵉ *ligne.* | *h* . *a g* |
Allégro.

| *h* . *a g f* | | *g* . *a h g c a* | | *d* .. *h* |

| *d* .. *h* . *a g* | | *h g a h c* | | *h g g f g a f* |.

On voit que, dans la première mesure, *h* vaut une noire, *a* une croche, et *g* une noire. Dans la 2.ᵉ, *h* vaut une noire, *a g* deux doubles croches, et *f*

---

(1) Les signes ordinaires qui représentent les bémols, les bécarres et les dièses, n'étant pas tous également propres à la *Typographie*, il a fallu faire des changemens à quelques-uns d'eux. Ainsi, b indiquera le bémol, ♮ le bécarre, et ♯ le dièse, de même que :b pourrait désigner le double bémol, et ♯ le double dièse. Nous développerons les motifs de ces changemens dans la 2.ᵉ Observation suivante.

une noire. Dans la 3.e, on trouve *g* croche, *a* double croche, et *h g c a* quatre croches. Dans la 4.e, *d* . . est une blanche, à cause de ses deux points, et *h* est une noire. Dans la 5.e, *d* . . vaut deux tems, *h* vaut une croche, et *a g* sont deux triples croches. Dans la 6.e, *a h c* sont trois croches pour un tems, ou un *triolet;* et enfin, dans la 7.e mesure, *f g a f* sont quatre doubles croches pour le troisième tems.

On a dû remarquer que, dans toutes ces combinaisons, un seul tems sous-ligné suffit très-souvent pour faire distinguer les deux autres.

En réunissant deux mesures *triples*, on forme une nouvelle mesure *binaire*, connue sous le nom de mesure *six-huit*, et qui est composée de deux tems égaux subdivisés chacun en trois autres qu'on sépare de la même manière que dans la mesure à trois tems. La petite verticale sert à faire distinguer les deux tems de cette espèce de mesure *binaire*, qui ne présente d'ailleurs aucune nouvelle difficulté, et qu'on écrit en employant, dans chacun de ses tems, les règles prescrites pour la mesure triple. Ainsi, dans les mesures suivantes,

Mode *sol* ♭, ⎫
Mesure ⁶⁄₈, ⎬ *Clef de* sol, 2.e ligne. | *g* . . *d e f* ₁
Allegro. ⎭

g a h | *a d e f g* ₁ *a h c* | ;

la première présente, au premier tems, la noire *g* . . .

avec les trois doubles croches *d e f*, et les trois croches *g a h* remplissant le second tems. La seconde mesure est formée de la croche *a* et des quatre doubles croches *d e f g* au premier tems, et au second des trois croches *a h c*.

1.re *Observation.* — Une des grandes difficultés qu'on éprouve quand on écrit sur la Musique en se servant des noms des notes usuelles, c'est d'avoir continuellement à rapporter des caractères à des signes et à des mots qui n'ont ni ressemblance, ni analogie entre eux. La note musicale *la*, par exemple, n'a aucun rapport avec le signe graphique, ou les lettres *l a* qui la représentent, et rien ne lie à ce signe, ou à son caractère, le mot *la* qui sert à les exprimer l'un et l'autre : car comme signe, ou comme caractère, ce mot est insignifiant ; et il a encore l'inconvénient de produire dans le discours de fréquentes équivoques avec les mots *la* (article), ou *là* (adverbe).

C'est en partie à cette sorte d'embarras qu'on peut attribuer la disette des livres élémentaires sur la Musique, la rareté des bons ouvrages sur cet art, et sur-tout la répugnance de la plupart des Lecteurs pour tous ces genres d'ouvrages.

Mais ces inconvéniens n'existent pas dans notre *Sténographie Musicale*, où le caractère musical qui peint le son, le signe graphique qui le désigne, et le mot verbal qui l'exprime, ne sont qu'une seule et même lettre qui, ne formant point de mots, ne peut causer aucune ambiguité.

2.e *Observation.* — La *Typographie musicale* est restée jusqu'à nos jours dans une imperfection qu'on a peine à concevoir, quand on considère que plusieurs hommes de génie ont fait de grands efforts pour la tirer de la barbarie dans laquelle des siècles d'ignorance l'avaient plongée ; quand on voit surtout que les Dictionnaires de Musique de *Brossard*, de *Rouseau*, et celui de *Walthener*, sous le titre de *Musicalisches Lexicon*, contiennent tout ce qui est nécessaire à son perfectionnement, quoique ces Auteurs célèbres n'ayent pas mis à profit dans leurs propres ouvrages les moyens qu'ils y prodiguent avec tant de profusion.

On y trouve bien les notes exprimées par les sept premières lettres de l'alphabet, la lettre *b* exceptée et servant de signe au *bémol* ; mais le *bécarre*, le *dièse* y sont *typographiés* d'après les caractères gothiques de la notation ordinaire, ce qui les rend embarrassans, et produit des effets bizarres ou équivoques. (1) Il est donc nécessaire d'y faire des changemens et

______

(1) Voy. *Brossard*, édit. d'Amsterdam, 1703, au mot *Diésis* ; — *Walthener*, Leipzig, 1732, au mot grec *Diésis* ; — *J. J. Rousseau*, Paris, 1768, au mot *Dièse*.

d'aligner

d'aligner, pour ainsi dire, ces signes avec les caractères de l'imprimerie. (1)

S'il ne s'agissait que de substituer un nouveau signe à celui qu'on trouve imparfait dans un art, il ne faudrait pas un grand effort d'invention pour cela, le premier signe qui se présenterait à l'imagination pourrait suffire. Mais dans quelle confusion l'emploi de plusieurs de ces signes n'entraînerait-il pas par la suite des tems ?

Les premiers inventeurs des arts en ont fixé les signes, qu'ils ont pris ou imité dans la nature ; l'usage les a consacrés : ce n'est donc qu'en conservant l'esprit de ces signes primitifs, qu'on peut se permettre de faire quelques changemens dans leurs formes. Pour ne pas nous écarter de cette marche analytique, nous allons examiner, chacun en particulier, les trois signes qui représentent le *bémol*, le *bécarre* et le *dièse*.

Le bémol, ou *b tondo* (2), *b rotondum*, *b orbiculare* (3), *b* rond, *b* circulaire, se désigne par la lettre *b*, et ne présente aucune difficulté typographique.

Le bécarre, ou *b* dur, *b quadro*, *b quadratum*,

______

(1) Si la *Typographie musicale* est restée si long-tems dans l'enfance, c'est peut-être à cause que les Musiciens ne se sont pas assez rapprochés des Imprimeurs.

(2) Voy. le Dict. de *Brossard*, au mot *Tondo*.

(3) Voy. le Dict. de *Walthener*, au mot *B moll*.

b carré, *b* quadrangulaire (1), se représente par un *b* carré, ou formant quatre angles, par opposition au *b rond*. Pour l'abréger, on n'exprime que deux des quatre lignes qui forment ce *b* carré, et l'on obtient le signe k, plus typographique et plus cursif.

Le *dièse*, signe probablement moderne, paraît tirer son origine d'un *b cancellatum*, *b* grillé, *b* croisé (2); et le signe ⊦ suffit pour le faire comprendre, puisqu'en imaginant que sa plus petite ligne est prolongée, la plus grande, qui représente le *b*, se trouvera croisée.

Par la même raison, le signe k sera celui du double dièse, parce que ses deux petites lignes étant suppo-sées se prolonger, croiseraient doublement la plus grande.

Ainsi l'on peut, avec le seul caractère de la lettre k, former ces trois derniers signes, en les rendant moins compliqués et plus faciles à employer dans cette sorte d'*écriture philosophique*.

A l'égard du double bémol, ∶b, il est aisé de conce-voir que les deux points expriment une ligne, et que cette ligne figure un second bémol.

Il reste un mot à dire sur l'emploi des trois signes que nous venons d'examiner.

Tous les signes en Musique sont, à proprement par-ler, des notes, comme le remarque judicieusement

---

(1) Voy. au mot *B quarre* les ouvrages ci - dessus.

(2) *Walthener*, au mot grec *Diésis*.

Brossard (1). On peut donc regarder les bémols, bécarres, dièses, comme des notes, puisqu'ils servent à hausser ou baisser les notes d'un demi-ton.

Il est souvent question, dans les traités sur la Musique grecque, du mot dièse ; mais ce mot n'a point de signe parmi ceux qui composent leur système musical. Voici ce que dit à ce sujet J. J. Rousseau, au mot dièse, dans son Dictionnaire de Musique : « *Dièse* ou » *diésis*, chez les Modernes, n'est pas proprement, » comme chez les Anciens, un intervalle de Musi- » que, mais un signe de cet intervalle. »

Le signe du dièse ne se trouve pas non plus dans le système de *Guy d'Arezzo*, qui succéda à celui des Grecs. Ce signe paraît donc être une invention moderne ; et puisque les Anciens pouvaient s'en passer, nous pourrions bien nous en passer aussi.

Une note ne peut se trouver que dans trois situations différentes, c'est-à-dire baissée d'un demi-ton, haussée d'un demi-ton, ou dans son état primitif. Le bémol indique le premier cas, le bécarre pourrait indiquer le second, et l'absence de tout signe indiquer le troisième. Mais nous laissons à l'usage le soin de rectifier l'abus du troisième signe qui s'est introduit sans raison.

Cet abus avait déjà été remarqué, en 1722, par *G. F. Beccatelli*, florentin et maître de chapelle de

---

(1) Voy. son Dict., au mot *Nota*.

Prato, dans son ouvrage qui a pour titre : *Parere sopra il moderno uso di praticar nella Musica il segno* (bécarre) (1).

X I.^e RÈGLE.

LE zéro (o) sert à marquer les silences, c'est-à-dire les *pauses*, *demi-pauses*, *soupirs*, *demi-soupirs*, *quarts de soupirs*, etc. On le met, pour cela, en place de la valeur de la note qui manque. Ainsi, dans les mesures à deux tems , clef d'*ut*, première ligne,

| c d ₁ e . o f | | c d ₁ e o f | | o c ₁ d c |,

ou | o c d c | | o ₁ c e | | o | | o | o |, etc.;

le zéro vaut une double croche dans la première mesure ; une croche, dans la seconde ; une noire, dans la troisième ; une blanche , dans la quatrième ; une ronde , dans la cinquième : et enfin il vaut plusieurs mesures, selon le chiffre indicateur qu'on place au-dessous de lui.

---

(1) Dict. de *Walthener*, au mot *Beccatelli*.

XII.ᵉ RÈGLE.

Lᴇs bémols et les dièses, qui déterminent les divers modes qu'on emploie dans la Musique, s'écrivent aussi au commencement du chant. Ainsi,

♭ ♭ ♭,
Mes. 2,
Allégro. } *Clef de* sol, 2.ᵉ *lig.* | c ˌ ě d̑ c h | a c ˌ

⌢h a g | a ‖;

fait voir que le mode est celui de *la*, et la clef celle de *sol* sur la seconde ligne; que la mesure est à deux tems; que la blanche, par laquelle ce chant commence, est la note *ut* dièse, tout comme la ronde qui le termine est un *la*, et que *d* de la première mesure et *h* de la seconde ont l'un et l'autre une petite note. Dans les mesures suivantes,

b b,
$\frac{3}{8}$,
Andante. } *Clef de* sol, 2.ᵉ *lig.* | ḟ è d | d .c d ė |

d ..ė ḟ | ġ ḟ è d c h | h .. a | c d ė c h a | h ‖;

les deux *b b* désignent le mode *si* bémol; $\frac{3}{8}$ indique la mesure trois-huit qui a une croche pour chaque tems; les points qui se trouvent sur les notes font voir qu'elles sont au-dessus des quatre premières lignes de la portée, et enfin la quatrième et la sixième mesures présentent six doubles croches.

Observation. — On ne pourrait pas se passer du signe des deux points, qui donne une valeur double à une note dans la mesure triple, parce que la sous-ligne ne suffirait pas toujours pour indiquer cette même valeur. On voit clairement, par exemple, que | *c d* | est une mesure triple; que *c* vaut deux tems de cette mesure, et *d* le troisième : car si cette mesure était binaire, la sous-ligne y deviendrait inutile. Mais la troisième mesure ci-dessus | *d .. è f* |, composée d'une noire et deux doubles croches, deviendrait équivoque, si on en supprimait les deux points : sous cette forme | *d è f* |, on pourrait la prendre pour une mesure de deux-quatre, dans laquelle les notes *è f* valent deux croches qui sont égales à la noire *d*. Il est donc nécessaire d'avoir un signe qui distingue les combinaisons de la mesure triple d'avec celles de la mesure binaire; et les deux points remplissent cet objet.

Le dièse, le bémol, le bécarre s'écrivent, dans cette *Sténographie*, comme dans les notes ordinaires. En voici un exemple :

Mesurez. } *Clef d'ut,* 1.re *lig.* | *c* | *c* | *f* | *g*

Telles sont les règles simples d'après lesquelles on peut former une *Sténographie Musicale*, c'est-à-dire une méthode abrégée, commode et facile d'écrire la Musique, pour en rendre la composition et l'impression moins embarrassantes; méthode dont les détails ont été suffisamment éprouvés par une expérience de plus de vingt ans, comme nous l'avons déjà dit.

Avant que de présenter ces détails dans des exemples qui les mettent en évidence, nous allons faire quelques réflexions propres à développer l'application de leurs principes aux mesures qu'on nomme composées.

On entend par mesures composées, celles dont les tems, au lieu d'être divisés en deux, sont divisés en trois notes égales. On compte un assez grand nombre de ces sortes de mesures, qui toutes dérivent de ce principe général ; mais les plus connues, et presque les seules usitées, sont les mesures $\frac{6}{8}$, $\frac{9}{8}$, $\frac{12}{8}$.

Ces mesures composées, sous quelque forme qu'on les considère, ne peuvent donc être que les mesures primitives binaire ou triple, dont les tems sont subdivisés en trois.

Pour indiquer cette subdivision de tems, dans l'écriture des notes ordinaires, on est obligé d'avoir recours à deux moyens différens : par exemple, dans la mesure $\frac{2}{4}$, on désigne les triolets, ou tems subdivisés en trois, par le chiffre 3 placé au-dessus des notes qui les représentent, ou par une note suivie d'un point, comme dans la mesure six-huit. Ces deux manières d'écrire ne signifiant au fond que la même chose, c'est un double emploi de signes que nous avons évité dans cette *Sténographie*, en employant les deux points (..) pour doubler la valeur ou la durée d'une note qui les précède, et en donnant à la sous-ligne la fonction de distinguer les tems de toute note subdivisée en trois, comme elle distingue ceux des mesures triple et binaire. Ainsi dans la mesure ⅜, | c . | c .. d |, la note c ., suivie d'un point, vaut une noire pointée, c'est-à-dire les trois croches du premier tems de cette mesure : et dans le second tems, les deux points sous-lignés .., formant chacun la moitié de la durée de la note qui les précède, et se trouvant valoir ensemble, à cause de leur sous-ligne, un tiers du second tems, il est évident que la note *d* vaut aussi le tiers de ce second tems.

Il en est de même des mesures suivantes :

Mesure ⅜,
Andante.   *Clef d'*ut, 1.re *lig.* | c . | c .. *f e* |
d e f g | *g f e* | *d . e f g* | *a g f* | *e c c* |
c b a g f | *e f g* | *g f e d* | *c . ‖*

Les deux notes *f e* du second tems de la première mesure étant des doubles croches, *e ..* doit valoir une noire.

Au premier tems de la seconde mesure, *d* est une croche, ainsi que *g*; et les deux notes *e f* sont des doubles croches.

Les deux sous-lignes de la troisième mesure indiquent les deux tiers de son premier tems. Ainsi, puisque les notes *f g* sont deux doubles croches, .*e* en vaut aussi deux, et *e* vaut une double croche (1); car le point vaut la moitié de la croche *d*.

Attendu que *e* est le tiers du second tems de la quatrième mesure, les quatre notes *h a g f* doivent en être les deux tiers, et sont par conséquent quatre doubles croches ; mais si l'on craint quelque équivoque, on sous-ligne *h a* ou *g f*. La cinquième mesure ne présente aucune difficulté : *g f* est le tiers de son second tems. La sixième mesure, étant une finale, est terminée par les deux grandes verticales ||.

La mesure douze-huit, qui est composée de quatre tems par la réunion de deux mesures six-huit, s'écrit de même, au moyen de la petite verticale qui sépare ses deux moitiés, et des sous-lignes qui distinguent ses tems. En voici un exemple :

Mesure $^{12}_{8}$. { *Clef de* sol, 2.ᵉ *lig.* | *a* | *c h a c h a* |
h h c d | *c c d e e d c* | *h* ||.

---

(1) Il serait à désirer que l'usage, pour rendre le discours moins inintelligible, adoptât l'expression une *demi*-croche, au lieu d'une *double*-croche, et ainsi des autres.

La note *a* est la moitié de la première mesure distinguée par la petite verticale : *c h a* et *c h a* sont le troisième et le quatrième tems de cette mesure ; *h* et *h c d* sont le premier et le second tems de la seconde mesure ; la croche *c*, les deux doubles croches *c d*, et la croche *è* forment les trois tiers de son troisième tems, et son quatrième est *è d c*.

Quant à la mesure neuf-huit, qui est une mesure triple, elle n'a pas besoin de la petite verticale ; la sous – ligne suffit pour faire distinguer ses trois tems et leurs subdivisions particulières, comme on le voit :

Mesure $\frac{9}{8}$. } *Clef d'*ut, 1.re *lig.* | *g f e f e d e d c* |

g .. f e .f g a f e d | *e* ‖.

Les deux premiers tems des deux premières mesures se reconnaissent par leur grande sous-ligne : les deux points sous-lignés, .., du premier tems de la seconde mesure indiquent un tiers de la valeur de ce tems, et les trois tiers du second tems de cette mesure se composent des valeurs de *e* croche, de .*f* et de *g a* qui valent quatre doubles croches.

Il serait superflu de s'étendre d'avantage sur les

diverses espèces de mesures composées, ou de pous-
ser plus loin leurs différentes combinaisons ; il suffit
d'avoir établi les principes et les signes qui leur sont
généralement nécessaires.

Il reste encore un mot à dire de l'abréviation des
mêmes notes répétées plusieurs fois de suite, comme
deux croches, quatre doubles croches, etc., qui ne
changent pas de ton. On pourra abréger l'écriture de
ces notes, au moyen des signes tels qu'on les voit
dans les mesures suivantes,

Mesure 2. } *Clef de* c, 1.re *lig.* | c ₁ *d e* | *f* ₁ *e f* |
g ₁ *a h* | c ₁ o ‖,

qui signifient que les deux noires *d e* du second tems
de la première mesure sont divisées chacune en deux
croches ; les noires *e* et *f* de la seconde mesure, chacune en quatre doubles croches ; et *g*, premier tems
de la troisième mesure, en huit doubles croches, de
même que les noires *a* et *h*, chacune en quatre doubles croches.

On remarquera peut-être que, dans cette dernière
mesure, *g*, qui n'est divisé qu'en doubles croches,
de même que *a* et *h*, a néanmoins une division de
plus dans son signe ; mais il faut observer que *g* valant

une blanche, se divise d'abord en deux noires, puis en quatre croches, et enfin en huit doubles croches, tandis que *a* et *h*, qui sont déjà des noires, ne doivent être divisés qu'en croches et en doubles croches, pour parvenir à cette même division.

Cette écriture *sténographique* n'étant pas destinée à l'usage des orchestres, comme nous l'avons dit plusieurs fois dans cet ouvrage, doit parler plus à l'intelligence qu'aux yeux; et c'est pour cela que la valeur de ces signes varie selon la place qu'ils occupent, et relativement aux rapports qu'ils ont entre eux, sans être inflexiblement appliqués aux objets qu'ils représentent.

On peut donc, au moyen de ces signes, avoir une seconde écriture, un second alphabet dont l'urgente nécessité se fait sentir depuis long-tems dans tous les objets d'impression ou de composition musicale. Avec cet alphabet, qui n'exige aucune préparation pour s'en servir, un morceau de papier blanc, une plume, ou même un crayon, suffisent pour écrire toutes sortes de Musiques, pour recueillir sans peine toutes ces idées fortuites ou fugitives que produit quelquefois un heureux ou sublime élan de l'ame, et qui, faute de cette ressource, seraient souvent perdues pour l'expression musicale. Les caractères de cet alphabet, aussi simples que faciles à employer, ne sont pas nouveaux dans la Musique; ils n'ont même jamais cessé de lui appartenir, et ne lui seraient que restitués, si l'on avait pu les oublier un seul instant.

Les systêmes de notation les plus anciennement connus ne remontent que jusqu'aux Grecs, ou tout au plus jusqu'aux Égyptiens. Les Grecs notaient leur Musique avec les lettres de leur alphabet, dont les diverses positions ou divisions indiquaient les modes et la partie rhythmique. Les sept Auteurs grecs, traduits en latin par *Marc Meibomius*, en fournissent une preuve. Il ne reste pas d'écrits sur la manière de noter des Égyptiens ; mais tous les Savans, qui se sont occupés de cet objet, pensent assez généralement qu'ils y employaient les lettres alphabétiques.

On trouve à la vérité, dans la *Musurgie de Kircher*, d'anciennes notes tirées de manuscrits qui existaient déjà dans le neuvième siècle, c'est-à-dire environ deux cents ans avant *Gui d'Arezzo*. Ces notes qui consistent en des points placés sur huit lignes horizontales, avec des lettres de l'alphabet grec ou latin au commencement de chacune de ces lignes, sont évidemment l'origine des notes modernes, et celle aussi du nom *contre-point* donné à la composition musicale; composition qui, lorsqu'elle réunissait plusieurs parties, présentait effectivement à l'œil des points l'un contre l'autre, ou pour mieux dire, l'un sur l'autre.

On voit d'ailleurs, dans les monumens antiques rapportés par *Caylus* et *Mont-Faucon*, des caractères hiéroglyphiques semblables aux notes usitées aujourd'hui. Dans la IXe planche du VIIe livre *du Recueil des Antiquités* de *Caylus*, on peut aisément reconnaître la maxime, la longue, la brève, la ronde, la blanche, la noire, la croche et la double croche. (1)

---

(1) Une *Sténographie Musicale* doit être principalement destinée à donner la facilité d'écrire sur tous les objets de la Musique ancienne et moderne; et quoiqu'on ne se serve plus, pour la notation, des *maxime, longue, brève, semi - brève, minime, semi-minime, fusée, semi-fusée*, dont on usait encore au seizième siècle, il se pourrait cependant qu'on eût à figurer ces huit notes dans quelque ouvrage où l'on se proposerait de les traiter comparativement avec celles d'aujourd'hui. Nous avons donc cru devoir donner ici un apperçu de la manière dont il serait possible de *sténographier* ces notes du moyen âge, qui sont de beaucoup trop volumineuses pour s'allier, sans confusion, aux lettres ordinaires de l'imprimerie.

La *maxime* étant figurée par un double carré ou rectangle, dont le petit côté à droite est prolongé en bas en forme de queue, il est aisé de simplifier cette figure, au moyen de quatre points placés à ses quatre angles, et d'un cinquième point mis en dessous, dans le prolongement du petit côté droit de ce rectangle, en réduisant toutefois les espaces à des proportions convenables.

La *longue*, qui n'est qu'un seul carré ou la moitié de la *maxime* avec le même prolongement du petit côté droit, sera figurée par les mêmes points que la *maxime*, et les espaces entre ces points en feront toute la différence, en observant les rapports des figures entre elles.

La *brève* étant un carré sans prolongement de ligne, n'aura besoin que des quatre points pour la représenter.

La *semi-brève* qui forme une sorte de losange, et qui corres-

Mais en supposant que ces caractères hiéroglyphiques aient été employés pour notes musicales, dans le tems que les hiéroglyphes étaient la seule écriture, il est assez probable qu'on leur substitua les lettres, lorsque celles-ci furent inventées : l'usage que les Grecs et les Romains en ont fait, et la grande simplicité de ces nouveaux signes ne laissent guère de doute la-dessus.

On a pensé, depuis, que la Musique devait être écrite pour les Musiciens qui l'exécutent, parce que, sans exécution, il n'y aurait point de Musique : il fallait donc la tracer de manière à peindre aux yeux ses effets, et à ne laisser à l'exécution aucun prétexte d'en altérer la moindre circonstance. Mais en fixant ainsi la pratique musicale avec une rigoureuse

---

pond à la ronde de la Musique moderne, se figurera aussi par quatre points, placés en croix, à égale distance les uns des autres.

Si l'on ajoute, au-dessus du point angulaire de ce losange, un autre point pour figurer une queue, ou ligne prolongée, il en résultera le signe *Sténographique* d'une *minime*; et si l'on met un point au centre des quatre points de cette même figure, il indiquera qu'elle est noircie, et qu'elle représente une *semi-minime*.

A l'égard de la *fusée* et de la *semi-fusée*, une virgule, mise en place du point supérieur de la *semi-minime*, représentera la première; et un point, dans cette même virgule, désignera la seconde.

précision, on devait pourtant aussi épargner aux Compositeurs le long et pénible travail d'une écriture qui tue le génie, et faciliter aux Savans les moyens de mettre au jour leurs connaissances musicales, pour perfectionner la science des sons.

Quoiqu'on aime peu à disserter sur la Musique, et qu'on préfère jouir des productions délicieuses de cet art, il faut cependant, si l'on veut en obtenir des chefs-d'œuvre, que la science en prépare les moyens. On ne répugne pas à lire les écrits des Pythagore, des Platon, des Aristote, des Cicéron, des Quintilien, des Plutarque, quoiqu'ils aient souvent parlé de la Musique, de son importance, de sa nécessité, et de ses rapports avec les autres sciences : pourquoi ne lirait-on pas les Savans modernes qui en traiteraient aussi ? On peut être bien assuré d'avance des avantages importans qui en résulteraient; et c'est pour rendre plus faciles des communications si nécessaires à cet art, que nous proposons de rétablir cette ancienne écriture alphabétique, dégagée de tous les signes qui la compliquaient, et réduite aux seuls caractères des sept lettres *c d e f g a h*.

Nous ne pouvons pas nous flatter d'avoir donné à cette écriture son dernier degré de perfection; mais nous osons assurer que rien de ce qui lui est essentiel n'a été oublié; et si l'on se pénètre bien des avantages immenses qu'elle peut procurer à l'art musical, on sentira la nécessité d'une écriture avec laquelle chaque Savant pourra communiquer aisément, et à peu de frais, le fruit de ses recherches, de ses inventions, de ses travaux sur la science musicale; on sentira le prix d'une écriture avec laquelle chaque Artiste fixera sur-le-champ les idées les plus fugitives de son imagination, et enrichira ainsi la masse des expressions musicales, par de nouvelles tournures de chant ou d'harmonie qui, sans cette écriture, n'auraient eu qu'un instant d'existence.

Mais de quelque importance que soit ce second alphabet musical, on ne peut se dissimuler les obstacles que doit rencontrer son adoption : quelque avantageux qu'il soit à la *typographie* musicale, il est bien difficile qu'il se propage, s'il ne devient pas une partie intégrante des élémens de la Musique, si l'on n'en fait pas l'objet d'un enseignement public. Ce soin regarde ceux qui dirigent l'instruction générale ; et sous un Gouvernement éclairé, nous ne devons pas douter que cette nouvelle méthode ne soit adoptée, dès qu'elle aura acquis assez de maturité pour faire sentir combien elle est indispensable.

Comme nous ne pouvons que former des vœux sur cet objet, nous nous bornons à donner un petit nombre d'exemples qui serviront à confirmer les préceptes que nous avons exposés dans cet ouvrage.

1.ᵉʳ *Exemple.*

Mode g,
♭,
Mesure 2. } *Clef de* sol, 2.ᵉ *lig.* | o , o g a | h . c ,

h a | g . h , a g f | e c , a f | g , o g a ,

h . c , h a | g . h , a g f | ᵃg f c , d ♭c | d ,

. o ‖ c , h a | g . h , a d e | f g , a h | ᵇa |

. h c | d , c h | c , h a | h g h d , g f | g ‖.

Avec un peu d'attention, on reconnaîtra bientôt
l'air vulgaire de ce premier exemple. Sa première
mesure est la seule qui puisse causer quelque embarras ; mais elle indique assez clairement les silences
de sa première moitié et de son troisième quart, c'est-
à-dire de ses trois premiers tems : ainsi le chant ne
commence qu'aux notes ou lettres g a, dernier quart
ou dernier tems de cette mesure. On voit donc qu'il
est nécessaire, pour la clarté, de compléter avec
le signe des silences (o), non-seulement toutes les
mesures, mais sur-tout la première ; car, sans cela,
on ne pourrait pas connaître le tems sur lequel doivent
commencer les notes de cette mesure, lorsqu'elle n'est
pas complète.

2.ᵉ *Exemple.*

Mode c,
Mesure 3.   } *Clef de* sol, 2.ᵉ *lig.* | g .. f è d c |

g f d .. | è g g c c è | è d c h a g | g .. f è d c |

g f d . f | è g à c h | c . ſ d .. c h a g |

è c è c è c | f d f d f d | g è g à g c g à g |

g è g à g c g à g | g c à g f d g f c c f è |

d g a h c d è f g à h g | c g è g f à d f è g c è |

d c h a g ||. *Da cap.*

Le point mis après la note *c* de la huitième mesure de ce second exemple montre évidemment que cette note vaut les trois tems de la mesure qu'elle remplit.

Les points placés sur les notes indiquent leur élévation à l'octave au-dessus des quatre premières lignes de la portée.

Les douze notes qui remplissent quelques mesures de cet exemple n'ont pas besoin de sous-lignes, parce qu'étant égales, elles composent la mesure de

douze doubles croches, qui se partagent en trois fois
quatre, pour former les trois tems de cette mesure.

Le signe *ji* annonce, par son crochet à gauche de
sa première verticale, qu'il faut répéter la première
reprise, passer ensuite à la seconde, à cause du crochet supérieur à droite, et revenir à la première,
comme l'indique la seconde verticale de ce signe.

3.ᵉ *Exemple.*

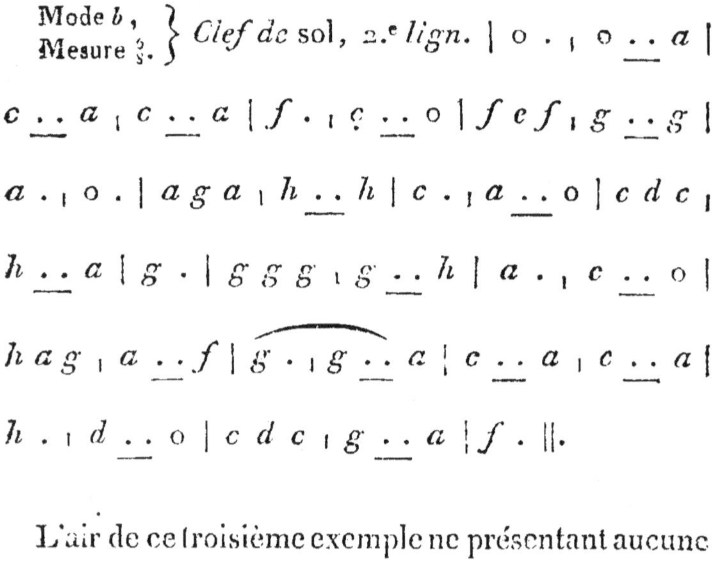

Mode *b*,
Mesure ⅜. } *Clef de* sol, 2.ᵉ *lign.* | o . ₁ o .. *a* |

c .. *a* ₁ *c* .. *a* | *f* . ₁ *c* .. o | *f e f* ₁ *g* .. *g* |

a . ₁ o . | *a g a* ₁ *h* .. *h* | *c* . ₁ *a* .. o | *c d c* ₁

h .. *a* | *g* . | *g g g* ₁ *g* .. *h* | *a* . ₁ *c* .. o |

h a g ₁ *a* .. *f* | *g* . ₁ *g* .. *a* | *c* .. *a* ₁ *c* .. *a* |

h . ₁ *d* .. o | *c d c* ₁ *g* .. *a* | *f* . ‖.

L'air de ce troisième exemple ne présentant aucune
difficulté, d'après les règles établies précédemment,
il est inutile de s'y arrêter.

Les partitions, ou les voix qui se correspondent
entre elles, les paroles sous un chant, les chiffres

d'accompagnement sur une basse, s'écrivent avec la même facilité.

4.ᵉ *Exemple.*

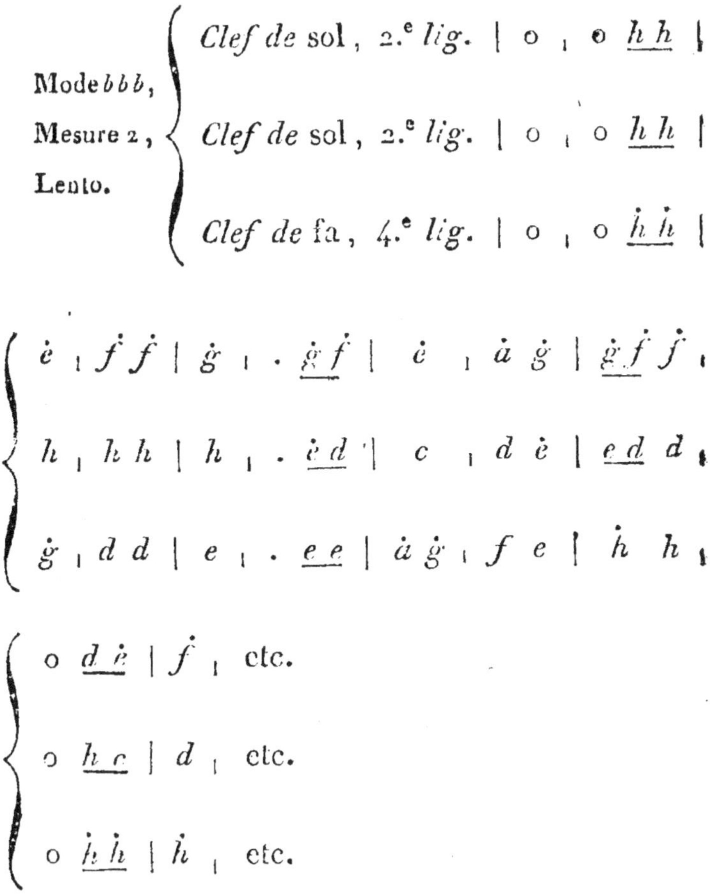

Mode *b b b*,
Mesure 2,
Lento.

Clef de sol , 2.ᵉ *lig.* | o , o h h |

Clef de sol , 2.ᵉ *lig.* | o , o h h |

Clef de fa , 4.ᵉ *lig.* | o , o h h |

e , f f | g . g f | e , a g | g f f ,

h , h h | h . e d | c , d e | e d d ,

g , d d | e . e e | a g , f e | h h ,

o d e | f , etc.

o h c | d , etc.

o h h | h , etc.

Chaque clef désigne une voix, dans ce quatrième exemple; ainsi il est composé de trois voix.

5.ᵉ *Exemple.*

Chant,
Mode,
Mesure 2,
Basse chiffrée.

Cl. de g, 2.ᵉ lig. | e . d c |
Ah! que je

Cl. de f, 4.ᵉ lig. | e |

h h h c | h a g a g o g | f e d c |
fus bien ins - pi - ré - e, ah! que je fus

e | d | e | e | e | f |

h c d e | e d d o | c c d e | e d |
bien ins - pi - ré - e, quand je vous re - çus

g a f e | h h | a | a |

e h c g | e f | etc.
dans ma cour!

g f e | h h | etc.

Ce dernier exemple demanderait peut-être quelques explications par rapport aux chiffres d'accompagnement mis au-dessus des notes de sa basse; mais n'ayant ici pour objet que la manière d'écrire et de placer ces chiffres dans cette *Sténographie*, ce serait s'écarter de son but, que d'entrer dans quelques détails sur leurs élémens. Dailleurs ces chiffres n'embarrasseront pas les Musiciens expérimentés. Quant à ceux qui ne le sont pas, ils ne peuvent en acquérir la connaissance que dans un ouvrage qui en traiterait particulièrement. Il ne reste donc qu'à recommander celui-ci à la bienveillance des Lecteurs. On ne peut pas se dissimuler combien les nouvelles inventions sont exposées à des préventions défavorables : les intérêts et les préjugés divers qu'elles contrarient, les font souvent juger avec une partialité désavantageuse, dont il est presque impossible de les garantir : il faut donc se borner à dire, avec *Tertulien :* « Rien n'est moins raisonnable que de montrer de l'aversion pour les choses qu'on ne connaît pas. » (1)

Fin de l'Ouvrage.

(1) *Quid est iniquius quam ut oderint homines id quid ignorant ?*

TABLE DES MATIÈRES,

PAR ORDRE ALPHABÉTIQUE.

L

M

N

O

P

FIN de la Table.

Signes des notes. . . . . *c d e f g a h.*

Points dessus ou dessous les notes. *à, ç,* etc.

Points après les notes. . . . *g* ., *h* .., etc.

Bémols, bécarres et dièses. . . *b*, ♭, ♮, *:b*, ♮.

Sous-lignes. . . . . . . — ——, etc.

Grandes et petites verticales. . |, ╎.

Doubles verticales. . . . ||, ſ, ſ.

Subdivisions d'une même note. . ı, ıı, ııı.

Silences ou pauses. . . . o.

—————————————

Total . . . . . 23.

FIN.